El Arte de la Guerra
Aplicada al marketing

Jaime Silva Alba

TABLA DE CONTENIDO

INTRODUCCIÓN

La obra de Sun Tzu, El Arte de la Guerra, fue escrita en la época en la que un Estado sólo tenía oportunidades de prosperar a través de la guerra: adquiriendo territorios, robando riquezas, subyugando pueblos, o por medio de un acuerdo de cordialidad: las alianzas.

Hoy en día, las citas de Sun Tzu dejaron de aplicarse sólo a la esfera militar, pasando a aplicarse también en una guerra diferente, pero igualmente peligrosa: la guerra de los negocios. Es increíble analizar la obra y ver que se aplica perfectamente a las situaciones empresariales, siendo inclusive citada en incontables libros de estrategia, marketing, administración y otras áreas de la economía.

Las empresas tienen recursos, como los países. Mientras los occidentales tienen la visión de que la empresa existe para generar beneficios a sus accionistas, los orientales tienen la visión de que la empresa debe suministrar empleos. Por muy diferentes que sean las visiones, el objetivo de ambas es de que la empresa debe sobrevivir y prosperar.

Una competencia que aprecia la creatividad, lleva prosperidad no sólo a la empresa, sino a todo el mercado, con productos, servicios y precios variados para los consumidores, no siendo así necesaria la aniquilación de sus competidores y sí, la creación de nuevas categorías de productos.

El empresario que busca analizar constantemente los objetivos de su negocio, y elabora estrategias bajo el punto de vista de Sun Tzu se podrá enfrentar a la guerra con mucha más tranquilidad y sabiduría, que el que se enfrenta a la guerra empuñando todas sus armas.

EL MARKETING

El Marketing es el proceso usado para determinar que productos o servicios podrán interesar a los consumidores, así como la estrategia que será utilizada en las ventas, comunicaciones y en el desarrollo del negocio. La finalidad del marketing es crear valor y satisfacción en el cliente, generando relaciones lucrativas para ambas partes. Las actividades de un gestor de marketing comprenden un abanico muy amplio de actividades, desde el estudio de mercado, la definición de una estrategia, publicidad, ventas y atención post-venta. Así como en las técnicas de mantenimiento de la fidelización de los clientes, que actualmente constituyen un departamento de vital importancia en cualquier empresa y exigen herramientas de marketing adaptadas.

Sin dejar de dignificar a los nuevos potenciales clientes, los clientes ya conquistados en una empresa son la base, los más importantes, los que generan valor al propagar la palabra de su antigüedad y satisfacción.

El gestor de marketing también está capacitado para prestar asesoría a pequeños y medios negocios, en los cuales su principal función es promover la marca y el lanzamiento de productos, definiendo, por ejemplo, las estrategias, el público-objetivo y el precio que tendrá el producto.

Actualmente, se puede ver la misma empresa practicando diferentes filosofías de marketing alrededor del mundo y ver a empresas usando filosofías diferentes de marketing en un mismo mercado: la orientación al producción, el producto, la venta, el cliente y la sociedad, pudiendo identificar en la evolución del marketing las siguientes filosofías para su administración.

- Orientación a la producción: La gran cuestión, para las empresas, es producir y no vender. El papel del marketing es, esencialmente, entregar productos en mercados donde puedan ser comprados. Considera que los consumidores prefieren los productos de mejor calidad, el rendimiento y los aspectos innovadores. Por lo tanto las organizaciones deberían esforzarse para mejorar sus productos permanentemente.
- Orientación a las ventas: Una orientación a las ventas envuelve la concentración de las actividades de marketing en la venta de los productos disponibles. Normalmente utilizada cuando la oferta de productos y servicios es mayor que la demanda. Énfasis en promociones y ventas.
- Orientación al cliente: La función principal de la empresa no es producir y vender más, sino satisfacer a la clientela, consultándola antes de producir cualquier cosa, via estudios de mercado y con base a esa consulta, si es favorable, ofrecerle productos/servicios/ideas de calidad y valor, para que los consumidores vuelvan a comprar y a hablar bien de la empresa y de sus productos.
- Orientación al marketing societario o marketing responsable: Sostiene que la organización debe determinar las necesidades, deseos e intereses del mercado-objetivo y entonces proporcionar a los clientes un valor superior de forma que mantenga o mejorare el bienestar del cliente y de la sociedad.

- Orientación al marketing holístico: en esta punto de vista, la empresa debe intentar comprender y administrar toda la complejidad envuelta en la gestión de marketing de una empresa.

Segmentación del mercado-objetivo

Una empresa raramente consigue satisfacer a todos en un mercado. Ni a todos les gusta el mismo refresco, ni la habitación de hotel, restaurante, automóvil, facultad o película. Siendo así los profesionales de marketing comienzan por la segmentación del mercado. Estos identifican y trazan los perfiles de grupos diferenciados de compradores que podrán preferir o exigir productos y compuestos de marketing variables. Para cada mercado-objetivo escogido la empresa desarrolla una oferta al mercado. La oferta es posicionada en la mente de los compradores-objetivo como poseedores de algún beneficio fundamental.

Las primeras cosas que deben ser definidas en cualquier planificación de marketing es quienes son sus consumidores y cuál es exactamente su mercado-objetivo. Por mayor y poderosa que sea, ninguna empresa puede hacer un buen trabajo en todos los mercados y satisfacer todas sus necesidades. Segmentar el mercado es dividirlo en grupos con características e intereses semejantes. Es imperativo encontrar un segmento de mercado donde están los clientes en potencia con necesidades similares a aquellas que la empresa desea y puede atender.

Un segmento de mercado es el resultado de esta división de un mercado en pequeños grupos. Este proceso es derivado del reconocimiento de que el mercado total frecuentemente tiene grupos con necesidades específicas. En función de las semejanzas de los consumidores que componen cada segmento, estos tienden a responder de forma similar a una determinada estrategia de marketing. Es decir, tienden a tener sentimientos, percepciones y comportamiento semejantes.

Creación de valor

Una oferta de marketing sólo alcanzará éxito si proporcionar valor a su mercado-objetivo. El cliente recibe beneficios y asume costes, por eso definimos "valor" como la razón entre todo aquello que el cliente recibe y todo lo que sacrifica al cerrar un acuerdo. Es mucho más complejo que un simple cambio comercial. Los beneficios incluyen beneficios funcionales y emocionales, los costes incluyen costes monetarios, de tiempo, de energía y psicológicos.

- Valor: se traduce en la tasa de beneficios en relación al sacrificio necesario para obtener esos beneficios. La creación de valor para el cliente es la pieza clave del marketing bien-realizado, pero, debido al hecho de que determinar el valor solamente por la percepción del cliente, puede ser difícil de cuantificar. Los clientes valoran los productos y los servicios con la calidad que esperan y que sean vendidos por los precios que ellos desean pagar. Los profesionales de marketing interesados en el valor para el cliente:
    - o Ofrecen productos que cumplen con su función: este es el requisito mínimo indispensable. Los clientes pierden la paciencia con productos inferiores;
    - o Dan a los clientes más de lo que ellos esperan;
    - o Evitan precios irreales;

- o Muestran los hechos a los clientes: el cliente sofisticado desea publicidad informativa y vendedores inteligentes;
- o Ofrecen servicios y soporte post-venta;
- o Buscan la satisfacción de los clientes.

Muchas personas confunden el concepto real de "valor" con "precio". "Precio" es el coste financiero de un bien para su adquisición. "Valor" es una comparación psicológica sobre la funcionalidad del bien en relación a su precio. Un individuo sólo se dispone a comprar si el precio es igual o inferior del valor estipulado por su inconsciente, basado en la funcionalidad del uso del propio producto.

Ejemplo: Una tienda vende una corbata por €100,00. Si la corbata, en mi opinión, tiene la importancia y funcionalidad que creo que vale los €100,00, yo estaré dispuesto a comprarla. Si mi estado psicológico me informa que esta corbata tiene la importancia y funcionalidad pero no me creo que valga €100,00, entonces no la compraré.

Para pequeños empresarios, bajar el precio de sus productos significa aumentar las ventas. En cierta forma sí, pero a la vez el precio viene dado, inconscientemente, por la calidad del producto. Las personas, en la mayoría de los casos, relacionan el precio alto a la buena calidad y el precio bajo a la calidad inferior. El gran objetivo no es bajar los precios, y sí elevar el valor del bien en la concepción de los clientes. Ese es el trabajo del marketing, generar valor.

Mercado y Valor

El mercado todavía es, como un todo, una sociedad de masas, a modo que el estudio de la psicología de las masas también es relevante. Según William McDougall, las masas se comportan como un animal salvaje, buscando:

- Aumento de beneficios;
- Reducción de costes;
- Aumento de beneficios y reducción de costes;
- Aumento de beneficios en mayor proporción que el aumento de costes;
- Reducción de beneficios en proporción inferior del que reducción de costes.

Otra forma de aumentar la propuesta de valor es mostrar al consumidor que se lleva algo más que un simple producto, concretemos esta idea con el caso de marketing personal de Cristiano Ronaldo. Quién consume las réplicas de las camisetas con las que él juega, o quienes compra unos pantalones o camisas iguales a los de él, o incluso que use el mismo corte de cabello, acaba por tener una mayor satisfacción, además del producto físico.

Se estima que el coste de atraer a un nuevo consumidor es cinco veces el coste de mantener a un consumidor fiel. Así, una de las principales tareas del marketing es mantener a sus consumidores satisfechos. La satisfacción del mercado-objetivo depende directamente del desempeño de la oferta en relación a las expectativas de los clientes. La expectativa por su parte es construida a partir de las experiencias anteriores de los consumidores y de la reputación, promesas e informaciones suministradas por la empresa.

El cliente quedará satisfecho si el desempeño alcanza sus expectativas, e insatisfecho si no lo alcanza. Si el desempeño es además superior a las expectativas, el cliente entonces quedará altamente satisfecho o encantado. Un cliente encantado, vale diez veces más para la empresa que un cliente satisfecho, eso es porque los clientes altamente satisfechos son mucho menos propensos a cambiar para la competencia cuando esta tiene una oferta mejor. Los diferentes aspectos que contribuyen en la gestión de esta satisfacción se pueden contemplar en el compuesto de marketing.

Compuesto mercadológico

El compuesto de marketing, mix de marketing o simplemente las 4Ps fueron creadas por Jerome McCarthy en su libro Basic Marketing (1960) y trata sobre el conjunto de puntos de interés en los cuales las organizaciones deben estar atentas si desean perseguir sus objetivos de marketing. Según Kotler el "Mix de Marketing es el conjunto de herramientas de marketing que la empresa utiliza para perseguir sus objetivos de marketing en el mercado-objetivo". El compuesto está dividido en 4 secciones, las cuales son:

- Producto, del inglés product;
- Precio, del inglés price;
- Punto, del inglés place;
- Promoción, del inglés promotion.

Algunos autores han hecho propuestas que tenían como objetivo aumentar el número de puntos que debían ser analizados en el Marketing-Mix. Algunos como Philip Kotler, propone la introducción de dos divisiones más (Política y Público). Otros liderados por Lovelock y Wirstz tienen la hipótesis de analizar las 8 P's (Price, Place and Team, Promotion, Product, Physical Environment, Process, People y Productivity and Quality).

Un enfoque formal para el marketing orientado al cliente es el modelo SIVA (Solución, Información, Valor, Acceso). Este sistema es básicamente el de las 4Ps renombrada y reformulada para proporcionar una orientación en el cliente.

El Modelo SIVA suministra una alternativa de demanda centrada en el cliente para el modelo conocido como las 4Ps (producto, precio, punto, promoción) de gestión de marketing.

Rentabilidad y el alojamiento de recursos

No basta con satisfacer a los consumidores, si eso no se realiza de una manera lucrativa. La estrategia de marketing debe, por lo tanto, identificar, atraer y mantener clientes rentables. Es decir, aquellos que generan un flujo de ingresos que excede el flujo de coste de atracción, venta y servicios. Sin embargo, todas las empresas pierden dinero con algunos de sus clientes. En Customers for life, Carl Seweell defiende la regla 80/20, donde el 20% de los principales clientes generan hasta el 80% del beneficio de la empresa, mitad de la cual es perdido para atender a la base formada por el 30% de clientes no rentables. La implicación es que una organización puede ser más rentable si sabe cómo distribuir a sus peores clientes. Existen, también, diferentes rentabilidades para cada producto o servicio. El modelo de Boston Consulting Group conocido como Matriz BCG fue pionero en el análisis estratégico de la cartera de productos, relacionando la participación de los productos en el mercado y el crecimiento de ese mercado.

Ciclo de Vida de un Mercado

Como todo en la vida, los mercados no son estáticos; estos evolucionan a lo largo del tiempo y es costumbre hablar del concepto de ciclo de vida del mercado. Es importante percibir la fase del ciclo de vida en el que el mercado donde actuamos se encuentra, ya que las estrategias y las políticas son ciertamente diferentes en cada fase del ciclo de vida. El ciclo de vida de un mercado representa su evolución a lo largo de un periodo de tiempo y se compone de cuatro fases: lanzamiento, crecimiento, madurez y disminución.

La fase de lanzamiento se caracteriza por la aparición de nuevas cualificaciones, tecnológicas u otros elementos. Las empresas que más rápidamente consigan dominar esas cualificaciones, más rápidamente adquirirán ventajas competitivas sobre sus competidores. En esta fase, son necesarias las inversiones y, por eso, la rentabilidad no suele ser muy elevada, comenzando a aumentar en la fase de crecimiento, caracterizada por una tasa de expansión más elevada, haciendo aumentar la atractividad del negocio y atrayendo así a más competidores. El factor-clave de éxito en esta fase, es dotarse de medios que permitan que la empresa crezca más rápidamente que la de sus competidores.

La fase de madurez se caracteriza por una estabilización de los factores de evolución del "juego" de la competencia. La creciente fidelidad de los clientes, la estabilidad de las tecnologías (cuyo ciclo de renovación se va alargando) y la débil atractividad para la entrada en el mercado de nuevos competidores, contribuyen para fijar las posiciones. En esta fase, es normal la desaparición de competidores y las fusiones y adquisiciones entre ellos, como ha estado sucediendo en la industria farmacéutica o en los fabricantes de automóviles. El factor-clave del éxito en esta fase, reside en la adopción de una estructura que permita la mejora de la productividad y la reducción de costes, para lograr así aumentar los márgenes de beneficio por venta y poder mantenerse en el mercado.

La fase de disminución viene acompañada por una modificación progresiva de la estructura de la competencia en la línea de evolución anunciada en la fase de madurez. Los principales competidores que se mantienen, se reparten entre sí casi la totalidad del mercado, cuyo volumen va decreciendo a un ritmo más o menos acelerado. Es normal se den reestructuraciones en las empresas y, si las barreras a la salida no son muy elevadas, se puede llegar a la "renuncia" de los competidores. El factor-clave de éxito en esta fase es la reducción de costes.

Ciclo de Vida del producto o servicio

El ciclo de vida de un producto o servicio indica la posibilidad del crecimiento del mercado consumidor y también indica los principios de acción que pueden ser seguidos en la planificación de marketing.

Todo producto nuevo entra en un ciclo de vida, marcado por los problemas y oportunidades relativas. El estado de introducción está marcado por un crecimiento de las ventas lento y beneficios mínimos. Después, viene el estado de crecimiento con un rápido crecimiento de las ventas y beneficios. La empresa busca mejorar el producto. Sigue la madurez del producto, donde las ventas se estabilizan y los beneficios disminuyen. Finalmente, el producto entra en el estado de disminución, donde las ventas caen y los logros también.

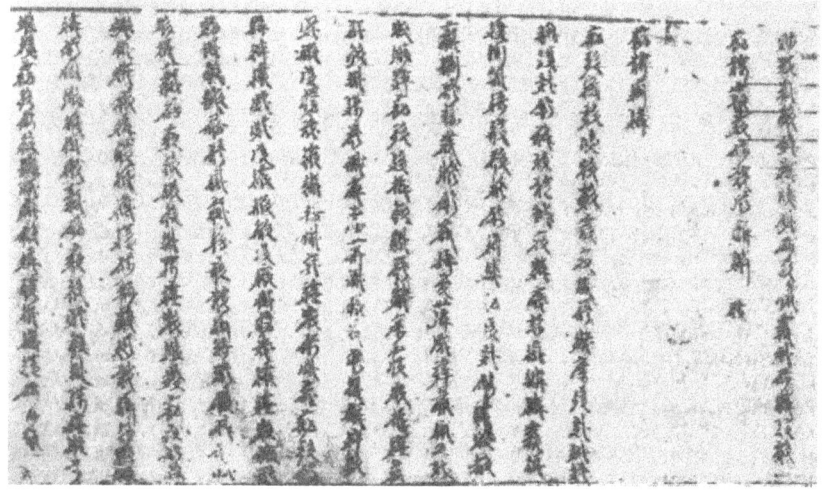

Sun Tzu dijo:

La guerra es una cuestión de vital importancia para el Estado; el escenario de la vida o muerte; la carretera para la supervivencia o la ruina. Es imperativa que sea estudiada en detalles.

Podemos ver que, si lo aplicamos al marketing, esa cita se refiere a la planificación estratégica de la empresa. El Estado estaría caracterizado como la propia organización, y la guerra sería la disputa dentro del mercado de actuación y si esa guerra no está bien planeada e instrumentada, puede ocasionar la muerte de la organización.

Según Kotler (1994:69), la planificación estratégica orientada al mercado es el proceso gerencial de desarrollar y mantener una adecuación viable entre los objetivos, experiencias y recursos de la organización y sus oportunidades en un mercado continuamente cambiante...

Tres ideas que pueden definir la planificación estratégica:

- La primera sería administrar los negocios de la empresa conforme a su potencial de beneficio y crecimiento, así, sería fácil decidir cuál de estos se mantendría, eliminando, descontinuado a los pocos o construyendo;
- La segunda idea es evaluar el potencial de éxito futuro de cada negocio, considerando el crecimiento del mercado y el posicionamiento de la empresa;
- La tercera, es definir una estrategia para cada negocio, definiendo objetivos, oportunidades, habilidades y recursos.

Sun Tzu lista cinco factores que deben ser considerados para una buena estrategia de guerra: la influencia moral, el clima, el terreno, el mando y la doctrina.

Por influencia moral, nos referimos al que hace que el pueblo esté en armonía con sus líderes, de modo que los acompañen en la vida y en la muerte sin sentir miedo de peligro mortal.

Como influencia moral en una organización, podemos considerar la misión corporativa, que es la razón de la existencia de la empresa, su propósito. La misión corporativa incluye la misión, que posibilita que sus administradores y operarios sigan un camino que llevará al éxito de la empresa, concentrando sus esfuerzos en un único foco.

Por clima, nos referimos a la interacción de las fuerzas naturales; los efectos del frío invernal y del calor estival y la conducción de operaciones militares de acuerdo con las estaciones.

El clima, como interacción de las fuerzas naturales, puede ser comprendida como los factores del entorno externo a la empresa, el microambiente (consumidores, competidores, puntos de venta, proveedores) y macroentornos (fuerzas demográficas, económicas, tecnológicas, políticas, culturales).

El análisis del entorno externo posibilita la detección de oportunidades y amenazas en el mercado donde actúa la empresa, la cual adaptándose a las fuerzas de ese entorno no se enfrentará a grandes riesgos ni dificultades.

Por Terreno nos referimos a las distancias, si el área es transya queta con facilidad o con dificultad, si es abierta o cerrada, y a las oportunidades de vida o de muerte.

El terreno del marketing sería el propio mercado de actuación de la empresa. Si la empresa decide desarrollar un producto, es fundamental que esta estudie la reacción de la competencia, el consumidor, el punto de venta, y que no se quede esperando a que el mercado se adecue al producto, es necesario desarrollar un producto que satisfaga las necesidades y deseos del consumidor.

Para conocer las expectativas y deseos del consumidor que se desea alcanzar, es necesario realizar una investigación de mercado y un análisis de resultados profunda, para conocer el tamaño y el potencial que este mercado representa para la empresa. El equipo de ventas es una rica fuente de datos, ya que estos están en contacto directo con sus consumidores y distribuidores.

Estudiando el mercado, es posible detectar los nichos de mercado poco o nada explorados, siendo posible definir como un terreno transya queto con facilidad, ya que ingresar en un mercado muy competitivo puede suponer que la empresa se enfrentará a dificultades.

Por mando, nos referimos a las calidades de sabiduría, sinceridad, humanidad, coraje y rigor en general.

Quién tiene a los oficiales y a los hombres mejor entrenados;

Y quién ministra recompensas y puniciones con más sabiduría;

Será capaz de prever cual será el lado que saldrá victorioso y cuál el que saldrá derrotado.

Harrel, citado por Kotler (1994:70), define el comandante de marketing de la siguiente manera:

El administrador de marketing es el colaborador funcional más importante en el proceso de planificación estratégica, con roles de liderazgo en la definición de la misión de la empresa; en el análisis del entorno, en la competitividad y en las situaciones específicas de los negocios; en el desarrollo de objetivos, metas y estrategias; en la definición de producto, mercado, distribución y de los planes de calidad para implementar las estrategias de la empresa. Esta implicación se extiende al desarrollo de programas y planes operativos, plenamente relacionados con el plan estratégico.

Por doctrina, nos referimos a la organización, control, atribución del ya queto apropiado a los oficiales, la regulación de las rutas de suministro y la provisión de los elementos importantes usados por el ejército.

El establecimiento de Unidades Estratégicas de Negocios se puede ilustrar muy bien en esa cita de Sun Tzu, ya que si las empresas administran varios negocios, lo más práctico y eficiente es la creación de divisiones de trabajo. Cada una con su propia estrategia, responsabilidades y objetivos, que facilitarán la identificación de las amenazas y oportunidades de los productos/servicios.

McNeilly (1998:123) nos da un óptimo ejemplo corporativo, donde la organización fue el punto principal:

En el año 1980 hasta el inicio de 1990, la General Motors sufrió mucho debido a la falta de claridad en las misiones de sus divisiones, las fronteras se hicieron confusas y cada división pasó a producir una línea más amplia de automóviles, cada división intentó significar cosas diferentes para personas diferentes que acabó desperdiciando los recursos de la empresa, creando una diferenciación difícil para los consumidores, resultando en una pérdida de participación de la cuota de mercado.

Si la General Motors dejara clara su misión global, cada sector podría formular su propia estrategia, sin huir de la misión principal. El mantenimiento de esa misión global mantienen los límites claros, y a la empresa actualizada e integrada.

La empresa suministra provisión para su ejército a través de la asignación de recursos para cada Unidad Estratégica de Negocio. Esa asignación se puede realizar bajo el enfoque de Boston Consulting Group, la Matriz BCG. Los productos son clasificados por su tasa de crecimiento de mercado y su participación relativa en el mercado, como podemos en la siguiente tabla:

Estrellas	Oportunidades
Oportunidades de negocios exitosos, es líder en un mercado de alto crecimiento. Requiere grandes inversiones para defenderse a los competidores. Generalmente rentable y generadores de futuros rentables.	Tasa de crecimiento alta, pero con baja participación en el mercado. Requiere de una inversión importante para la empresa puede crecer y prosperar en un mercado de rápido crecimiento.
Generadores de Efectivo	**Piñas**
Dueño de Estrella con un crecimiento de menos del 10% de mercado, pero con una alta tasa de cuota de mercado.

Produce una gran cantidad de dinero para la empresa y no requiere de muchas inversiones. Mantiene el negocio Estrella y las piñas. | Baja cuota de mercado en un mercado de bajo crecimiento. Generar poca utilidad o pérdida. Muchos administradores las mantienen por razones sentimentales, pero deben ser eliminadas o desaceleradas. |

Tasa de crecimiento -> Participación relativa de mercado

Los administradores sienten más compasión por un producto que está perdiendo mercado o que está desfasado. Esta es una actitud errada, ya que queda claro que un producto nuevo necesita de tantos refuerzos como aquel que ya realizó su misión. Levantar las ventas de un producto/servicio que se está desacelerando en el mercado genera mucho esfuerzo por parte de la empresa, mientras que su objetivo debería estar en el producto que genera más beneficios.

La expectativa de éxito es motivadora, y es más correcta que la triste visión de un producto que se está muriendo. El fracaso debe ser dejado atrás, ya que ciertamente la competencia será menos piadosa con su producto débil.

La Matriz General Electric (General Electric) también se puede utilizar. Esa matriz evalúa el negocio de la empresa bajo la atractividad de mercado y de su posición competitiva.

La Saturn Corporation, de la General Motors no conseguía renovar los stocks de sus revendedores en 1993. Realizaron una campaña publicitaria aliada a los automóviles bien diseñados, y surgió el éxito. La satisfacción de los clientes fue mejor que la presentada por los clientes de la Acura, Mercedes Benz y Toyota, y la Saturn recibía cartas con elogios de los clientes, así esta comenzó a ganar el mercado a Honda y a Toyota.

Pero al comienzo de 1994 la Saturn no conseguía disminuir su creciente stock de automóviles y había planes de lanzar coches mejores y más rentables. Se decidió entonces parar de inyectar capital en la Saturn, justamente en el momento en que sus negocios estaban en lo más alto. La consecuencia fue que la Saturn no consiguió modernizarse y tuvo que aplazar todos sus planes.

Toda operación militar se basa en la simulación.

Irrite el general enemigo y confúndalo. Si el general enemigo es obstinado y propenso a la rabia, insúltelo y enfurézcalo, de modo que este quede irritado y confuso y, sin ningún plan, avanzando de modo imprudente contra usted.

No hable abiertamente de sus intenciones, no deje que el enemigo conozca sus diferenciales competitivos y sus estrategias antes ponerlas en práctica, sino el competidor puede anticiparse y lo que usted consideraba innovación acabará en una mera imitación.

Cuando le pregunten lo que quiere que su empresa realice en el futuro, usted no debe revelar todos sus planes solamente para mostrar que está produciendo. Todas las informaciones de su empresa son confidenciales por menores que sean. Deje claro que las posibilidades son muchas y las conclusiones infinitas.

Si la empresa competidora piensa que usted entrará con fuerza total en un mercado, deje que esta se preocupe con eso, la desnudaste. Esta estará gastando esfuerzos descubriendo datos que en la realidad no existen y esperando un ataque en el lugar erróneo.

LA INICIACIÓN DE ACCIONES: CONDUCIENDO LA GUERRA

Este capítulo se caracteriza más por el estudio del competidor, analizando sus tácticas y planes, lo que posibilitará detectar puntos fuertes y débiles no sólo de la competencia, sino también de su propia empresa.

- Sustituya las banderas y estandartes del enemigo por las suyas, mezcle los coches de guerra capturados con los suyos y monte en ellos.
- Trate bien a los prisioneros y cuide de ellos.
- Esto se denomina vencer una batalla y quedar más fuerte.

Los ataques sutiles, más indirectos y visibles se muestran más eficientes, ya que de ese modo, no provocan que el competidor reaccione de modo inmediato. El factor de principal de una buena estrategia es hacer con que esa reacción sea retardada, así es posible ganar espacio en el mercado mientras otras empresas se adecuan a la nueva situación.

- Cuando el ejército trabaja durante campañas prolongadas, los recursos del Estado son insuficientes.
- Aunque hayamos oído de operaciones militares confusas pero rápidas, aún no hemos oído ninguna operación brillante que haya sido prolongada.
- Ya que jamás un país se benefició de una guerra prolongada.

Si una estrategia envuelve alguna modificación de precio, hace más obvio la reacción casi inmediata de la competencia. Esta táctica conlleva riesgos, ya que no es viable planear solamente el ataque a la competencia basándose solamente en los precios, ya que en una guerra constante, quien gana es el consumidor, y la empresa más débil puede extinguirse. La guerra envuelve el uso de varios recursos de la empresa, y esos recursos pueden acabar en algún momento, dejándola indefensa. Es necesario investigar intentar descubrir si la empresa más débil, no es la nuestra propia.

Los competentes en la conducción de la guerra no necesitan de un segundo reclutamiento de soldados ni de más de una provisión.

Si el objetivo es el éxito, y obviamente lo es, es necesario que se planifiquen todos los detalles de ataque, es decir, no es posible lanzarse a la guerra con provisiones insuficientes y con una capacidad por debajo de las expectativas.

Es necesario que se creen alternativas y planes de ataque para cada flaqueza y para cada fuerza de su empresa y buscar anticipar la actitud de su competidor, analizar la evolución y tendencia del mercado de actuación, actualizar el producto con la ayuda de la tecnología conforme a esos cambios. Su producto debe estar adaptado a las necesidades y deseos de su cliente.

LAS PROPOSICIONES DE LA VICTORIA Y DE LA DERROTA: ESTRATEGIA OFENSIVA

Este capítulo puede ser identificado con el Sistema de Inteligencia (o Información) de Marketing. Ese sistema tiene como objetivo suministrar informaciones sobre el desarrollo del entorno de marketing, a través de procedimientos y fuentes usadas por los administradores para una toma de decisión.

Su objetivo debe ser tomar Todo-bajo-el-Cielo intacto. Así, sus tropas no se desgastarán y sus ganancias serán mayores. En eso consiste el arte de la estrategia ofensiva.

El término "tomar Todo-bajo-el-Cielo intacto" significa capturar el mercado, dominar. Ese dominio puede darse por el liderazgo tecnológico, memoria de la marca en la mente de los consumidores, liderazgo de precios, cuota de mercado entre otros.

Las empresas que dominan un mercado, o un segmento, son capaces de dictar las reglas y la evolución, estableciendo así una confortable posición competitiva, una mayor relación con los clientes, consiguen realizar la economía de escala y una distribución más eficiente.

En la actualidad un ejemplo muy claro es el de Microsoft, que domina el mercado de software de sistemas operativos de ordenadores personales, así, sus (pequeños) competidores siempre quedan aprensivos cuando lanzan un producto, ya que saben que Microsoft puede tomar represalias con mucha más fuerza.

"En general, en la guerra la mejor política es tomar un Estado intacto; arruinarlo es menos recomendable."

Capturar el ejército enemigo es preferible a destruirlo; tomar intacto un batallón, una compañía o un pelotón de cinco hombres es preferible a destruirlos.

Eso significa, que la búsqueda de liderazgo de un mercado no se debe hacer de forma desmedida a punto de aniquilar a sus competidores, ya que de ese modo, usted también destruye el mercado, y consecuentemente a su propia empresa.

De entre muchos ejemplos que pueden ser citados, colocaremos uno de McNeilly (1998:5):

Antes de abril de 1993, Philip Morris era propietaria de la marca comprobadamente más rentable del mundo, Marlboro. En 1992, fueron vendidos más de 124 billones de Marlboros sólo en los Estados Unidos. (...) Pero, Marlboro lentamente perdiendo venía la participación en el mercado debido a otras marcas más baratas de cigarrillo. Así, en un esfuerzo para golpear con fuerza los competidores y recuperar la participación en el mercado, el ejecutivo principal de Philip Morris acordó en reducir en 40 cents, o el 20%, el precio del paquete de cigarrillos. Esa estrategia se basó en una única prueba de mercado en Oregón, donde Marlboro consiguió recuperar cuatro puntos de participación en el mercado sobre las marcas más baratas. (...) Los otros grandes protagonistas del sector redujeron drásticamente los precios y por ello nadie más estaba ganando dinero. La propia Philip Morris perdió 1.000 millones de dólares en beneficios y Wall Street reaccionó reduciendo el valor de mercado de la empresa en 13.400 millones de dólares...

Si el general no consigue controlar la impaciencia y ordenar a sus tropas que trepen muralla arriba como hormigas, un tercio de estas morirán sin tomar la ciudad. Tal es la calamidad de esos ataques.

El emperador T'ay Wu condujo a cien mil tropas para atacar al general Tsang Chih, de Sung, en Yu T'ay. Primero, el emperador pidió vino a Tsang Chih (como era costumbre antes de la batalla). Este lleno un bote lleno de orina y se lo envió. T'ay Wu, transportado por la rabia, inmediatamente atacó la ciudad, ordenando a sus tropas que escalaran las murallas y que trabajaran el combate cuerpo a cuerpo. Los cadáveres se apilaron hasta el tope de las murallas y, después de treinta días de lucha, los muertos excedían la mitad de su fuerza.

Tenemos la tendencia de enfrentarnos a nuestros competidores de forma directa y frontal, y generalmente esa no es la mejor salida. Una que, la empresa ya establecida ya tiene conocimiento del área y tiene una mayor relación con los consumidores, una empresa que se enfrente a ella, ciertamente no podrá ser salir muy bien parada.

Si nuestro competidor obtuvo éxito, creemos que esa misma táctica se aplica a nuestra empresa. De ese modo estaremos enfrentando el punto más fuerte de la empresa, justamente el punto donde nosotros mismos estaremos completamente indefensos.

La AT&T es un ejemplo citado por McNeilly (1998:19):

Una empresa que siguió esa lógica fue AT&T, con su incursión en el mercado de informática. En la década de 1980, a medida que los sectores de comunicaciones e informática se entrelazaron, AT&T tuvo la idea de atacar a IBM, a DEC, a Hewlett-Packard y otras compañías con su propia línea de ordenadores. Con mucho dinero, la joya de la tecnología Bell Labs y la posesión del sistema operativo UNIX, los ejecutivos de AT&T debían de sentirse muy seguros de que iban a a lograr el éxito. Después de ocho años, miles de despidos y 2.000 millones en pérdidas, los ejecutivos de la empresa percibieron que la tentativa fue un fracaso. Así, en 1991, AT&T asumió agresivamente el control accionarial de NCR por 7.500 millones, pagando un 20% a mayores del valor de mercado para otro ataque a ese mercado. Y otra vez, volvió a fracasar. En 1994, AT&T abandonó la marca NCR, sustituyéndola por AT&T Global Information System (GIS), esperando que una tercera embestida fuera finalmente recompensada. A lo largo de 1995, AT&T finalmente desistió. Después de perder 3.000 millones de dólares desde la fusión, AT&T contabilizó una deuda incobrable de 1.500 millones de dólares, dimitieron 8.500 operarios más y se deshizo del control accionarial de la GIS (que volvió a ser NCR). A buen seguro, el error de AT&T fue el de confiar en la imitación competitiva y en el tamaño bruto para atacar directamente a grandes competidores es un caso clásico de ataque frontal fracasado.

Ese ejemplo de AT&T nos muestra que el ataque directo no es nada creativo, ya que solamente mide fuerzas hasta que alguien se agota, y generalmente quién es desafiado no desiste fácilmente. Si la empresa se enfrenta a una, es necesario que esta sepa que sus recursos serán usados hasta agotarse, y eso es muy arriesgado, por lo tanto, la empresa desafiante necesita de tanto armamento como tiene la otra.

Si sus tropas son inferiores a las del enemigo, aplace temporalmente el ataque inicial. Es probable que más tarde usted consiga aprovechar un punto débil. Entonces, anímese y busque la victoria con espíritu de determinación.

Cree un ejército invencible y aguarde el momento de vulnerabilidad del enemigo.

La importancia de analizar los negocios de la competencia es fundamental, ya que es mediante ese modo como podremos identificar los puntos vulnerables de esta. Si esta tiene un producto bueno, pero no se encuentra en ningún lugar, es necesario que elaboremos un plan de distribución eficiente, si los proveedores forman parte del problema del competidor, atacaremos con proveedores eficientes y de calidad, y podemos proseguir extendiendo las buenas relaciones con más distribuidores y crear promociones atractivas para los consumidores.

Es importante reconocer que ni siempre la época es propicia para el ataque, así como el mercado no siempre es el mercado ideal. Arriesgarse por simplemente creer que la empresa debe mostrarse en el mercado no es una actitud inteligente, si la empresa no está estratégicamente preparada y estructurada, esta ciertamente no será apta a enfrentar a un combate.

- Conozca a su enemigo y conózcase a sí mismo, en cien batallas, nunca correrá peligro.
- Cuando usted desconoce el enemigo pero se conoce a sí mismo, sus oportunidades de vencer o perder son iguales.
- Desconocerse el enemigo y a sí mismo, ciertamente correrá peligro en cada batalla.

Para atacar los puntos fuertes y débiles de la competencia, es necesario que la empresa conozca también sus fuerzas y vulnerabilidades.

Para ello necesitan informaciones siempre actualizadas sobre quiénes son los consumidores de su empresa, cuáles son sus beneficios, pérdidas, distribuidores más eficientes, ofertas rentables o menos rentables, cual es el ciclo de vida de su producto, razonabilidad, quienes son sus operarios más productivos y creativos. Las informaciones internas de su empresa valen tanto cuánto conocer las informaciones de sus competidores.

Un Sistema de Informaciones de Marketing tiene una participación fundamental en el proceso de análisis y ejecución de la planificación estratégica, existen empresas que tienen un sector responsable para reunir esas informaciones, otras compran informaciones de otras empresas o los propios administradores consiguen informaciones por revistas, libros, periódicos y otros medios.

- Aquel cuyas hileras estén unidas en el propósito saldrá victorioso.
- Un soberano de elevado carácter e inteligencia tiene que ser capaz de distinguir el hombre correcto, delegarle la responsabilidad y esperar resultados.
- El soberano que obtenga la persona correcta prosperará. Uno que no lo haga irá a la ruina.

Hacer que los estrategas reciban siempre datos reales y actualizados hace que las oportunidades de fracaso de un plan de marketing sean mínimas. Por ejemplo, Borden, Inc. fue una de las peores empresas del sector alimenticio de 1993. En el año de 1992 sus ventas eran de

7.100 millones de dólares, y cayeron hasta los 5.5000 millones de dólares en 1993. Un ejecutivo de la empresa de la época dijo que los pésimos controles internos fueron la principal causa. La fijación de precios fue un asunto contradictorio, y cuarenta gerentes regionales que tenían autonomía de precios fueron despedidos, ocasionando una pérdida de fuentes de informaciones, ya que la empresa dejó de expandir su mercado. Otro factor, fueron que los sistemas de informática de la empresa eran incompatibles, y el esfuerzo para reflejar todos los daños resultaron en fracaso. Tras todos esos desastres, el principal ejecutivo de la empresa fue forzado a dimitir, así como otros altos dirigentes y la empresa fue ya queta a la venta más tarde.

La empresa que tenga más informaciones sobre los clientes tendrá una amplia ventaja competitiva, ya que podrá tomar decisiones más rápidamente y con mayor precisión, eliminará intermediarios y tendrá una mayor relación con su cliente.

Reunir a los tomadores de decisión es importante para mantener la unidad de una empresa, hacer que tomen decisiones juntas y que analicen posibilidades para llegar a un acuerdo y actuar de forma coordinada, cada uno tiene su papel que posibilitará el éxito de la empresa.

"... Exigir que un general aguarde órdenes del soberano en tales circunstancias es cómo informar a un superior que se desea borrar un incendio..."

Así como tan importante es emplear a las personas cualificadas en los sectores correctos de la empresa, también es importante dejarlas actuar como deben. El presidente y ejecutivo principal de Zenith Electronics, Jerry K. Pearlman fue citado por McNeilly (1998:118) para mostrar un ejemplo de una persona a la que no dejaron actuar como debería. Pearlman fue extremadamente supervisado debido a las pérdidas de 330 millones de dólares entre 1989 y 1993. El consejo de dirección monitorizó veinte áreas de rendimiento empresarial, llegando a interferir en cuestiones operativos. También estuvo la contratación de F. Moschner como presidente y superintendente operacional para ayudar a Pearlman.

El principal ejecutivo de Zenith no conseguía tomar ninguna decisión de riesgo, ya que siempre había alguien para juzgar sus decisiones y con muchas ganas de tomar su lugar en la empresa. En esa situación no se podría presentar ningún resultado productivo, además, Pearlman recibía un alto salario sin poder ejercer su función. Solamente tras seis años Pearlman aceptó dejar el cargo, y Moschner fue ascendido.

Si un ignorante de las cuestiones militares es enviado a participar de la administración del ejército, en cada movimiento imperará el desacuerdo y la frustración mutua y todo el ejército quedará entumecido.

Si la empresa busca la actualización de sus operarios e invertir en su personal, esta puede crear un ejército poderoso, incentivado e integrado, que se sentirá identidado con la corporación.

El operario que esté en su cargo durante más tiempo (además de dos años) y que sea incentivado por eso, será mucho más productivo y reducirá costes para la empresa.

Kevin Kelly y Peter Burrows, citado por McNeilly (1998:76) nos dan un ejemplo de aprendizaje organizacional:

Motorola Inc. es una empresa que se toma en serio el aprendizaje organizacional. En 1993, Motorola invertía el equivalente al 4% de su presupuesto de gastos en entrenamiento y formación, situándose en el top de la lista junto a General Electric. Gasta ese dinero en cosas como la reducción del ciclo de tiempo, primero empeñándose en reducir y, después, creando un curso para ayudar los operarios a aprender cómo lograrlo. También creó una red con catorce centros de entrenamiento denominada Universidad Motorola. Esa institución, además de enseñar habilidades inter funcionales como la resolución creativa de problemas y habilidades específicas como la operativa con robots, también sirve para diseminar la cultura de Motorola entre todos los operarios. El resultado: una productividad que se dobló entre 1987 y 1993.

La peor política es atacar ciudades. Atacar ciudades sólo en la ausencia de otra alternativa.

Si la empresa desea atacar a la competencia, es necesario cautela y paciencia, un plan de calidad requiere de tiempo para ser elaborado. Es necesario que ganar mercado a los pocos, atacando a las empresas de menor porte, una de cada vez, antes que estos decidan atacar a su empresa. Con nuevos consumidores, es posible enfrentarse a las grandes empresas con mucho más poder.

El éxito de Wall-Mart es un ejemplo de eso, esta utilizó su gran poder de compraventa aliado a una distribución eficiente y consiguió retirar a los competidores más pequeños del mercado. Esos pequeños competidores estaban localizados donde el líder de mercado menos se esperaba, en las pequeñas ciudades.

- La suprema excelencia en la guerra es atacar los planes del enemigo.

- La mejor opción es destruir las alianzas del enemigo.
- La mejor opción, después, es atacar a su ejército.

McNeilly (1998:97) cita un ejemplo de Larry Light y Julie Tilsner que ilustra esas citas:

La toma de control accionarial de Rover Group británico por parte de BMW en 1994 rompió la estrecha alianza de Honda con Rover. Honda tenía una participación de acciones del 20% de la empresa y su estrategia a largo plazo era hacer de Rover su trampolín al mercado europeo. De ese modo, Honda aumentaría su baja participación en el mercado europeo. En vez de eso, con la rápida incorporación de Rover por parte de BMW, fue esta la que aumentó su participación en el mercado automovilístico europeo, doblándola instantáneamente. Los ejecutivos de Honda se quedaron anodados; su estrategia europea quedó echa anicos. Al final, Honda acabó vendiendo su participación de acciones de Rover y fue forzada a repensar su estrategia europea.

Examine la cuestión de sus alianzas y haga lo posible por romperlas y disolverlas. Si un enemigo tiene alianzas, el problema será más pequeño y la posición del enemigo, más débil.

Si usted no tiene aliados, puede considerar transformar sus competidores en colaboradores. Por ejemplo, la Superbowl, es un campeonato de fútbol americano realizado en Estados Unidos. Este está formado por la unión de la Liga Nacional de Fútbol con la Liga Americana de Fútbol, juntas, consiguieron colocar el fútbol por encima del béisbol, haciéndolo el deporte preferido entre los americanos.

Dijo el Gran Duque: Quién se destaca en la resolución de dificultades lo hace antes de que surjan. Quién se destaca en la conquista de los enemigos triunfa antes que las amenazas se materialicen.

Si su competidor desea lanzar un producto con un gran diferencial, usted puede contraatacar sin la necesidad de consumir muchos recursos y tiempo. Simplemente puede lanzar dudas sobre ese diferencial, atacar el plan del enemigo, haciendo que el consumidor pase a desconfiar, sería un ataque verbal que podría comenzar a ser divulgado en las noticias y en los medios sociales y el boca a boca en general. Eso dará mucho trabajo a la empresa para restaurar la confianza de su público objetivo.

LA MEDIDA EN LA DISPOSICIÓN DE LOS MEDIOS: FORMACIONES

"La invencibilidad yace en la defensa; la posibilidad de victoria, en el ataque."

"La persona se defiende cuando su fuerza es inadecuada y ataca cuando esta es abundante. "

"Los peritos en atacar consideran fundamental contar con las estaciones y las ventajas del terreno; estos aprovechan inundaciones e incendios de acuerdo a la situación. Ellos hacen imposible al enemigo saber dónde prepararse. Deshacen el ataque como un rayo del cielo de nueve capas."

Antiguamente, los considerados versados en la guerra conquistaban un enemigo cuando era fácil hacer eso. El enemigo era conquistado fácilmente porque los peritos habían antes creado las condiciones para eso.

Ya que este obtiene sus victorias sin errar. "Sin errar" significa que, haga lo que haga, asegurará la victoria; este conquista un enemigo ya derrotado.

"En la planificación, ningún lance es inútil; en la estrategia, ningún paso es en vano."

Por lo tanto el comandante hábil toma una posición en la que no puede ser derrotado y no pierde ninguna oportunidad de dominar el enemigo.

Ahora, los elementos del arte de la guerra son: Primero, medición del espacio; segundo, estimación de cantidades; tercero, cálculos; cuarto, comparaciones; y quinto, oportunidades de victoria.

"... Ahora, el ejército, en su forma, se asemeja al agua. Obtiene el provecho de la falta de preparación del enemigo; atáquelo cuando este no lo espera; evite su fuerza, golpee su vacío y, a semejanza del agua, nadie conseguirá hacerle oposición."

Una empresa líder, siempre rechaza la idea de estar satisfecha con la situación del mercado. Esta debe liderar el sector industrial con ideas sobre nuevos productos y servicios al consumidor, con eficacia en la distribución y reducción de costes. Mantiene, crecientemente, su eficacia competitiva y el valor que ofrece al consumidor. Aplica el principio de la ofensiva militar: El comandante ejerce la iniciativa, establece el ritmo y explora las flaquezas del enemigo. La mejor defensa es el ataque.

Aun cuando la líder de mercado no lanza ofensivas, debe proteger todos los frentes y no dejar ningún flanco importante al descubierto. Debe mantener sus costes bajos y los precios consonantes con el valor que los consumidores atribuyen a la marca. El líder debe "tapar agujeros" para evitar la entrada de competidores.

Podemos citar a Procter & Gamble, que está considerada la empresa más hábil de Estados Unidos en bienes de consumo. Su cuota de mercado media está próxima al 25%. Su liderazgo de mercado se basa en varios principios:

- Conocimiento del Consumidor: P&G ofrece un servicio de SAC, dando sugerencias o haciendo reclamaciones sobre sus productos.

- Perspectiva a Largo Plazo: P&G analiza la oportunidad y prepara el mejor producto, comprometiéndose a largo plazo a hacer que ese producto un éxito.

- Innovación de Producto: Lanzamiento de marcas que ofrecen nuevos beneficios a los consumidores, en vez de contentarse con marcas repetidas, mantenidas por una propaganda intensa.

- Estrategia de Calidad: Una vez lanzado, el producto está en un continuo proceso de mejora.

- Estrategia de Extensión de Línea de Productos: Fabrica sus marcas en diversos tamaños y formas para satisfacer las diferentes preferencias de los consumidores.

- Estrategia de Extensión de Marca: Usufructo de nombre de marcas fuertes para lanzar nuevos productos.

- Estrategia Multimarca: El propósito es desarrollar marcas que atiendan a los diferentes deseos de los consumidores y que compiten con marcas de competidores específicos.

- Propaganda Intensa: Nunca economiza dinero para crear fuertes sentimientos de concienciación y preferencia a los consumidores.

- Fuerza de Ventas Agresiva: Nivel eficaz a la trabajar con el pequeño comercio o comercio retallista para obtener espacio en algún estante y cooperación para promociones y uso de displays en los puntos de venta.

- Promoción de Ventas Eficaz: El departamento desarrolla una forma especial de eficacia bajo diversas circunstancias intentando minimizar el uso de la promoción de ventas, prefiriendo confiar en la propaganda para construir una preferencia de los consumidores a largo plazo.

- Fuerza Competitiva: Está dispuesta a gastar mucho dinero para desplazar a las nuevas marcas competidores, evitando que las mismas ganen preferencia de mercado.

- Eficiencia en Producción y Reducción de Costes: Gasta mucho dinero en desarrollar y mejorar las operaciones de producción, manteniendo sus costes entre los más bajos del sector industrial.

- Sistema de Gestión de Marca: Un ejecutivo es responsable de cada determinada marca.

El liderazgo de mercado de P&G no está basada en hacer bien una cosa, sino en una orquestación llevada a cabo con éxito con factores múltiples que contribuyen a ese liderazgo.

LA FIRMEZA: LA ENERGÍA

"... Cada grupo se subordina al superior y controla el inferior. Cada uno está entrenado apropiadamente. Así, se puede comandar una tropa de un millón de hombres exactamente como se comandaría un pequeño grupo."

"Las operaciones de las fuerzas extraordinarias y normales garantizan que el ejército soportará el ataque enemigo sin ser derrotado."

"La fuerza que confronta el enemigo es la normal; la que le fustiga las debilidades es la extraordinaria. Ningún comandante de ejército consigue arrebatar la ventaja del enemigo sin fuerzas extraordinarias."

Generalmente, en la batalla, use la fuerza normal para trabar el combate; use la extraordinaria para vencer.

La empresa líder de mercado tiene mayor participación en el mercado relevante del producto. Para permanecer como empresa dominante, la líder busca maneras de expandir la demanda del mercado total identificando a nuevos usuarios, nuevos usos y mayor tasa de uso de sus productos. Segundo, intenta proteger su participación actual de mercado a través de una estrategia de posición, debilidades, anticipación de ataque, contra-ofensiva, móvil o de contracción. Tercero, puede intentar aumentar su cuota de mercado, tal estrategia tiene sentido si hay un aumento de la rentabilidad en los niveles más elevados de cuota de mercado y si la empresa no necesita preocuparse con acciones antitruste.

Líder de mercado en bizcochos, Nabisco creó una defensa de debilidades altamente exitosa con la introducción de su línea de bollos con baja materia grasa, el SnackWells. Siguiendo la obsesión de los EUA por los productos de baja materia grasa, el SnackWells se transformó en dos años en una megamarca con una facturación de 400 millones de dólares. A medida que los competidores pasaron a lanzar líneas similares, Nabisco fue debilitando su marca extendiéndola hacia nuevas áreas de producto como los sorbetes y los dulces congelados, tortas y una línea de yogur de chocolate.

LO LLENO Y LO VACÍO: DEBILIDADES Y FUERZAS

"Generalmente, quien ocupa el campo de batalla primero y aguarda a que el enemigo esté descansado; quién llega a la escena más tarde y corre para la lucha está fatigado."

"Aparezca en lugares a los cuales él tenga que ir corriendo; muévase rápidamente donde él no lo espera."

"Ocupe el vacío, ataque las brechas, contorne lo que él defiende, alcáncelo donde él no lo espera."

"Tener la certeza de tomar lo que se ataca es atacar un lugar que el enemigo no protege. Tener certeza de mantener lo que se defiende es defender un lugar que el enemigo no ataca."

"Hago al enemigo ver mis fuerzas como flaquezas y mis flaquezas como fuerzas, mientras transformo sus fuerzas en flaquezas y descubro donde él no es fuerte... Escondo mis rastros de modo que nadie consiga oírme."

"El enemigo no debe saber dónde pretendo trabar la batalla. Ya que, si no supiera donde pretendo trabar la batalla, tendrá que prepararse en incontables lugares. Y cuando se prepara en incontables lugares, aquellos en los que tendré que enfrentarme en cualquier lugar específico serán pocos."

"Aunque el enemigo sea numeroso, si él no conoce las condiciones de mis tropas, podré hacer con que se envuelva tanto con los propios preparativos que no tendrá tiempo para planear el combate."

"Distinga sus formaciones y, así, conocerá el campo de batalla. Sondéelo y descubra donde su fuerza es abundante y donde es deficiente."

La adopción de las metas y estrategias de los competidores de una empresa depende de sus recursos y capacidades. Como primera etapa para identificar las fuerzas y debilidades de los competidores, la empresa necesita reunir informaciones recientes sobre los negocios de cada uno de ellos, incluyendo datos sobre ventas, cuota de mercado, margen de beneficio, retorno sobre la inversión, flujo de caja, inversiones nuevas y nivel de utilización de la capacidad de producción.

A menos que sea una empresa dominante que disfrute de un monopolio legalmente reconocido, su vida no será nada fácil. Debe mantener una vigilancia constante porque otras empresas pueden desafiar sus fuerzas o quitar ventaja de sus debilidades. La líder de mercado puede fácilmente fallar y caer a un segundo o tercer lugar.

Durante más de 100 años, Eastman Kodak era conocida por sus cámaras fotográficas fáciles de usar, películas de alta calidad y beneficios sólidos. Pero, durante la última década, sus ventas quedaron estancadas y sus beneficios cayeron. Esto viene sucediendo debido a que sus competidores son más innovadores, muchos de los cuales son japoneses, que lanzaron cámaras de 35mm., videocámaras y laboratorios que revelan películas en 1 hora. Sin embargo cuando Fuji Photo Film entró en el mercado "filé mignon" de películas a color de Kodak, esta se enfrentó seriamente a un desafío.

Fuji entró en el mercado norteamericano ofreciendo películas a color de alta calidad a precios 10% inferiores a los de Kodak, conquistando el mercado de las películas de alta velocidad, consiguiendo también superar a Kodak al hacerse proveedora oficial de películas en los Juegos Olímpicos de Los Ángeles, en 1984.

Kodak luchó duramente para proteger su cuota de mercado. Igualó los precios bajos de Fuji e implementó una serie de mejoras en el producto. Superó a su competidor en la proporción de 20 a 1 en propaganda y promoción, pagó 10 millones de dólares para patrocinar los Juegos Olímpicos de Seúl, en 1988, y se garantizó los derechos para patrocinar los Juegos Olímpicos de Barcelona, en 1992.

Además de eso, Kodak aprovechó la batalla para dar un paso al frente: adoptó medidas agresivas para aumentar su presencia y ventas en Japón. Creó una empresa subsidiaria separada, Kodak Japan, y triplicó el número de operarios en el país. Compró una distribuidora japonesa, desarrolló su marketing y entrenó a la fuerza de ventas. Invirtió en un nuevo centro tecnológico y en una unidad de investigación. Finalmente, aumentó intensamente su promoción y propaganda en el país nipón. Ahora, Kodak Japan está patrocinando todo tipo de eventos, desde programas de entrevistas a torneos de Sumo.

Kodak obtendrá muchos beneficios recurrentes de su ataque en el mercado japonés. Primero, Japón ofrece grandes oportunidades para aumentar sus ventas y beneficios: su mercado de película y papel fotográficos es el segundo del mundo con 1.500 millones de dólares, superado sólo por los EUA. Segundo, gran parte de la tecnología fotográfica actual se desarrolla en Japón. Así, Kodak se mantiene actualizada con los últimos desarrollos en el área fotográfica.

Tercero, su presencia física y los contratos de joint ventures en Japón le ayudarán a obtener nuevos productos para los EUA y otros mercados mundiales. Esta consigue un beneficio muy importante recurrente de su ataque al mercado japonés: si Fuji destina grandes recursos para defender su mercado local contra los ataques de Kodak, tendrá menos recursos para usar contra Kodak en los EUA.

EL ENFRENTAMIENTO DIRECTO O INDIRECTO: MANIOBRA

Sun Tzu dijo

"Así, marche por una ruta indirecta y desvíe al enemigo atrayéndolo hacia una racha. De ese modo, usted podrá partir tras él y llegar a su frente. Quién es capaz de esto comprende la estrategia del directo e indirecto."

Quien quiera agarrar una ventaja toma una ruta tortuosa y distante y hace el camino corto. Transforma la desgracia en ventaja. Engaña y ridiculiza al enemigo para hacerlo dilatorio y suelto y, después, marcha enfrente con rapidez.

La clave del éxito de una combinación de los dos enfoques es adoptar la línea de ataque que la competencia menos espere. Por ejemplo, si usted cree que su competidor espera su ataque en el mercado australiano en determinada categoría de un producto, podría seguir con tal movimiento. Pero, usted lo haría sólo para enmascarar un golpe más sustancial, en una categoría de un producto más importante, en Alemania.

Se pueden hasta combinar los dos enfoques para repeler un ataque. En 1991, la Southwest Airlines se introdujo en el mercado de viajes regionales de California e introdujo tarifas de 59 dólares. En pocos meses, las empresas de aviación de tarifa normal, como United, American, Delta y USAir, redujeron substancialmente las operaciones

51

o abandonaron por completo el mercado, dejando a Southwest con el 52% del mercado. Ninguna de estas consiguió igualar las tarifas económicas o el valor para el cliente de Southwest.

En 1994, United Airlines decidió volver. El ejecutivo principal de Southwest, Herb Kelleher, lo denominó como un "ataque frontal", United lanzó su programa U2, con la promesa de tarifas más bajas con un mejor servicio y un programa de kilometraje más amplio. United prefirió ignorar el consejo del presidente de America West Airline, Maurice Meyers, que dijo: "Un ataque frontal a Southwest es imprudente para cualquier empresa". Pero United apostaba que conseguiría alcanzar el coste más pequeño por milla que Southest.

En vez de responder directamente al ataque frontal de United reduciendo aún más las tarifas, Kelleher optó por un plan de contra-ataque triple que mezclaba ataques directos con indirectos. Primero, reduciría aún más los costes de Southewest, utilizando el sistema sin pasajes de la recién adquirida Morris Air y cerrando un acuerdo con los pilotos para reducir los salarios a cambio de opciones de acciones y bonus según los beneficios. Esas providencias redujeron los costes de Southwest en centenares de millones de dólares e hicieron difícil, si no imposible, a que United pudiera igualar su estructura de costes. A continuación, Kelleher lanzó un ataque indirecto a las rutas regionales de tarifa normal de United. Finalmente, lanzó otra ataque indirecto, inaugurando nuevos vuelos para competir con las lucrativas rutas de larga distancia de United.

"Alguien que moviliza al ejército entero detrás de una ventaja no la obtendrá. La protección de las murallas de metal no es tan importante como los cereales y el alimento."

"Quién ignora las condiciones de las montañas y bosques, así como de desfiladeros, pantanos y charcos peligrosos, no puede maniobrar un ejército."

En el inicio de 1994, Novell adquirió varias empresas de software para combatir a Microsoft en los sectores de aplicativos integrados y sistemas operativos, las dos áreas fuertes de esta empresa. Las adquisiciones alcanzaron la cantidad de 1.800 millones de dólares. No sólo las personas del sector, sino también el mercado de acciones tuvieron dudas sobre esa estrategia, y las acciones de Novell cayeron un 16% después del anuncio de la incorporación. Tal vez el ejecutivo principal de Novell dejara que la amargura recurrente de dos tentativas fallidas de la fusión con Microsoft hablara más alto.

"Próximos al campo de batalla, estos aguardan un enemigo venido de lejos; en reposo, aguardan un enemigo exhausto; con tropas bien alimentadas, esperan tropas hambrientas. Es decir el control del factor físico."

General Electric escogió un enfoque semejante al invertir en mercados geográficos emergentes. Con el fin de la Guerra Fría y el cambio hacia el capitalismo crearon oportunidades en los países en desarrollo o en nuevo desarrollo. Miles de millones de dólares de capital fueron siendo invertidos antes de que otras empresas entrasen en esos mercados. General Electric consideró prioritario invertir recursos en China, en India y en México. Esta quiere estar bien posicionada en los mercados de electrodomésticos, motores jet, plásticos y sistemas médicos y energéticos. El ejecutivo principal de General Electric, John Welch, cree que las inversiones en esos mercados crecientes pero aún inexplorados podría decidir el destino de la empresa. Este considera muy importante que General Electric esté bien establecida en esos mercados antes de la llegada de la competencia y que esta esté lista para luchar.

"Por lo tanto, el arte del empleo de tropas no es confrontar el enemigo cuando este ocupe terreno elevado; cuando esté de culo para una elevación, no oponérsele."

"Cuando esta finja una retirada, no lo persiga. No ataque a sus tropas de élite. No muerda los cebos ofrecidos."

Como un estratega, es fundamental no sólo detectar donde existe la debilidad y atacar, sino también el ataque después de que la situación cambió.

Por ejemplo, una nueva oportunidad puede parecer prometedora. Un nuevo mercado que parece estar emergiendo y varias personas de su empresa dicen que es importante formar parte de este. Si la competencia fue más fuerte que su empresa, debe esperar para no atacar inmediatamente, ya que hay grandes oportunidades de que el plan fracase. Se debe de esperar hasta que la flaqueza del enemigo surja.

"No impida a un enemigo su retorno a casa."

"A un enemigo cercado se le debe dejar una vía de escape."

"Muéstrele que existe un camino hacia la seguridad, despertándole en la mente la idea de que hay una alternativa a la muerte. Después, ataque."

"No presione a un enemigo arrinconado."

"Los animales salvajes, cuando están arrinconados, luchan desesperadamente. En cuanto más los hombres, si supieran que no hay alternativa, lucharán hasta la muerte."

LOS NUEVE CAMBIOS: LAS NUEVE VARIABLES

Sun Tzu dijo:

"Usted no debe acampar en áreas bajas."

"Usted no debe permanecer en áreas desoladas."

"Algunas carreteras no deben ser trilladas; algunas tropas no deben ser atacadas; algunas ciudades no deben ser sitiadas; y algunas áreas no deber ser disputadas."

"Un general totalmente formado en las ventajas de los nueve factores variables sabe cómo emplear las tropas."

"El general que no entiende las ventajas de los nueve factores variables no conseguirá explorar el terreno para su provecho, aunque esté familiarizado con él."

"Un territorio, aunque pueda ser disputado, no debe ser blanco de lucha si se sabe que, aunque sea conquistado, será difícil de defender y no suministrará ningún provecho, siendo probablemente contra-atacado y sufriendo bajas."

"Si yo quiero quitar provecho del enemigo, deberé percibir no sólo el provecho de eso, sino primero considerar cómo este podrá perjudicarme si yo lo hago."

"Es un precepto de la guerra no suponer que el enemigo no vendrá, pero debe de estar preparado para enfrentarlo; no confiar que este no atacará, sino hacerse a sí mismo invencible."

"El general debe valerse de la habilidad de controlar la situación para su provecho conforme se determina la oportunidad."

Podemos citar a Southwest Airlines, cuyo principal ejecutivo, Hebert Kelleher, siempre instruía a su equipo en el caso de cambios, todos deberían estar preparados, ya que solamente en el cambio es donde podría estar la seguridad de la empresa. Por lo tanto, para reducir el tiempo que a su empresa le llevará implementar decisiones, enfoque cada estadio del ciclo información/decisión/acción de su Empresa.

En 1981, General Motors percibió que no podría continuar con la tentativa un nuevo automóvil pequeño, ya que descubrió que los japoneses podrían fabricar uno por bastes miles de dólares menos. Sin embargo, en junio de 1982, la discusión de un nuevo automóvil pequeño fue reavivada con la percepción de que General Motors tendría que hacer cosas radicalmente diferentes para competir con los japoneses.

En parte por no actuar rápido, la participación de General Motors en el mercado norteamericano de automóviles cayó alrededor de un 45%, en 1980, hasta casi un 30%, en 1990, la mayor parte en el segmento de automóviles compactos.

La reducción del tiempo de toma de decisiones, puede aumentar la velocidad y el ritmo de sus ataques. Esto, por su parte, desequilibra a su competidor, le reduce la capacidad de reaccionar con eficacia y aumenta la posibilidad de surgimiento de nuevas oportunidades.

Además de ser capaz de acompañar el rápido crecimiento del mercado donde está presente.

La empresa también puede atacar los planes del enemigo, haciendo un plan inverso, así este puede la llamar la atención de su cliente. Como en el caso, el Listerine, como dice McMath (1998:69) "El Listerine original tiene un sabor horrible, pero es el antiséptico bucal más vendido en el mercado desde hace décadas. Las personas creen que Listerine mata los germes que causan el malo aliento, justamente porque este tiene un sabor horrible."

Para ganar un poco de ese mercado, Pfizer lanzó el Plax, un producto para el enjuague bucal, un método inverso al Listerine. Plax suelta las placas bacterianas que pueden causar enfermedades en la garganta, debiendo ser usado antes de limpiarse los dientes, y de ese modo, se hizo la tercera marca más vendida en el sector.

A veces, debemos seguir una dirección diferente, si no hay espacio suficiente para luchar junto al líder de mercado, debemos buscar otras posibilidades, aunque sea un cambio radical.

LA DISTRIBUCIÓN DE LOS MEDIOS: LAS MARCHAS

Sun Tzu dijo:

"Generalmente, al tomar una posición y confrontar al enemigo, habiendo cruzado las montañas, permanezca cerca de los valles. Acampe en terreno elevado de frente hacia el lado soleado."

"Cuando un enemigo en avance atraviesa el agua, no lo enfrente en la ribera del agua. Es ventajoso dejar que la mitad de la fuerza de este atraviese y, entonces, atacar."

"En terreno plano, ocupe una posición que facilite su acción. Con el terreno más elevado en la retaguardia y a la derecha, el campo de batalla estará enfrente y la retaguardia estará segura."

"Un ejército prefiere el terreno elevado al bajo, estima la luz solar y detesta la sombra. Así, mientras se cuida la salud, el ejército ocupa una posición firme. Un ejército que no sufre de incontables enfermedades se dice que está correcto para la victoria."

"Cuando en los flancos del ejército existan desfiladeros peligrosos, lagunas con vegetación acuática donde crecen cañas y juncos o montañas boscosas con el matorral enmarañado y denso, ande con cuidado, ya que se trata de lugares donde las emboscadas son armadas y hay espías escondidos."

61

"Cuando el enemigo está próximo, pero en terreno bajo, depende de una posición favorable. Cuando desafía a la batalla de lejos, quiere inducirle a usted a avanzar, ya que si está en terreno accesible es porque su posición es ventajosa."

"El polvo irguiéndose en altas y rectas columnas indica la aproximación de carros de guerra. Cuando esta se cierne baja y dispersa. La infantería está aproximándose."

"Ahora, cuando el ejército marcha, debe haber patrullas en el frente para observar. Si detecten polvareda erguida por el enemigo, deben rápidamente informar de ese hecho al general en el mando."

"Si, sin ninguna razón, alguien pide una tregua, ciertamente la situación en su país es peligrosa, él está preocupado y quiere hacer un plan para ganar tiempo. O este sabe que nuestra situación es susceptible a sus tramas y quiere evitar nuestra sospecha pidiendo una tregua. Entonces, quitará provecho de nuestra despreparación."

Para llevarlo con éxito, para encontrar debilidades, usted debe seguir el consejo de Sun Tzu: debe obtener informaciones de hombres que conozcan la situación del enemigo. Usted debe investigar esas cosas en los mínimos detalles.

Su punto de partida deben de ser los fundamentos, los hechos. ¿Cuáles son los resultados financieros de su competidor, cuántos operarios emplea, que productos ofrece y en que mercados? Determine los costes de fabricación de su competidor comprando y diseccionando sus productos, pero perciba que, por sí solos, esos son insuficientes.

Complemente los hechos con informaciones que revelen la estrategia del competidor. Esas informaciones pueden ser obtenidas de la propia empresa: informes anuales y trimestrales, publicidad y declaraciones de los responsables de la empresa. Las revistas sectoriales y las publicaciones de negocios son otro medio de recolectar informaciones, analice con atención la conducta pasada del competidor, su reacción y ataque.

Conocer las fuerzas y reacciones del competidor no es suficiente, es necesario saber cómo este reaccionará a sus acciones.

"Cuando el enemigo alimenta los caballos con cereales y los hombres comen carne y cuando sus tropas no cuelgan las sartenes ni retornan a los abrigos, el enemigo está desesperado. "

El enemigo alimenta los caballos con cereales y los hombres con carne para aumentar su fuerza y resistencia. Si el ejército no tiene sartenes, no volverá a comer. Cuando las tropas no retornan a los abrigos, no piensan en el hogar y pretenden empeñarse en una lucha decisiva.

"Cuando las órdenes son sistemáticamente confiables y observadas, la relación del comandante con sus tropas es satisfactoria."

Un factor esencial del éxito de Southwest Airlines es mantener la ventaja de los costes bajos en relación a las otras empresas aéreas, dejando eso bien claro en sus campañas publicitarias realizadas en la Televisión.

Kelleher, el principal ejecutivo de Southwest, aprueba personalmente cada compraventa. Según él, "no es por no confiar en nuestro personal, sino porque sé que, si estos saben que estoy observando, serán más cuidadosos todavía".

LA TOPOGRAFÍA: EL TERRENO

Sun Tzu dijo:

"El terreno puede ser clasificado, según su naturaleza, como accesible, traidor, incierto, apretado, empinado y distante."

En las áreas de los negocios también ocurre eso, también podemos clasificar los mercado como accesible, traidor, incierto, apretado, empinado y distante.

1. Cuando una empresa produce productos semejantes a los de uno o más competidores, pero ninguna es líder de mercado, este se hace accesible, ocurriendo así un equilibrio competitivo estable. Como en las tácticas de guerra, la empresa que conquistar primero a los consumidores podrá ocupar un aterrizaje superior;

2. El mercado es traidor cuando se deja comprar por los competidores en vez de ser conquistarlos. Los competidores asumen grandes riesgos, invierten en capacidad de producción plena y, en general, descontrolan el equilibrio del sector industrial. Si una empresa está preparada para reaccionar, el competidor cae, si la empresa no pierde su mercado;

3. El mercado incierto es aquel en el cual la penetración es tan difícil para la empresa como para las competidores y despertando las tácticas de guerra de Sun Tzu la empresa puede alejarse como si este mercado no fuera interesante y

atraer a los competidores hacia otro objetivo, después volviendo e introduciendo su producción para conquistar el liderazgo de mercado;

4. En el caso del terreno apretado (valle entre dos montañas) podemos comparar al competidor cauteloso, ya que como sus tácticas no son rápidas, estas son llevadas a cabo con cautela. En el caso de la guerra el enemigo piensa que tiene la situación bajo control y en el marketing el competidor piensa que sus consumidores son leales o no reaccionan solamente por falta de condiciones financieras;

5. En terreno empinado no se debe atacar el enemigo marchando desde lejos. En el marketing este mercado es difícil, por lo tanto no merece la pena luchar contra los competidores en este mercado;

6. En el terreno distante es muy difícil provocar una batalla, como con los competidores selectivos, estos no reaccionan a todos los tipos de ataques, por ejemplo, estos pueden reaccionar a una reducción de precios pero no a un aumento en el gasto de publicidad.

Según Sun Tzu "cuando las tropas tienen defectos, se insubordinan, se desvanecen, se desagregan o son derrotadas, la culpa es del general. Ninguno de estos desastres es atribuible a causas naturales." Y así ocurre en el mundo de los negocios, cuando una empresa no consigue conquistar su target, no consigue competir con la competencia, es porque su administración/marketing no estudió y analizó el mercado a fondo y no se utilizaron las tácticas correctas.

Sun Tzu dijo:

"Habiendo igualdad de las demás condiciones, si una fuerza ataca a otra diez veces mayor, el resultado será la desbandada."

En el libro de Kotler se habla sobre los competidores arrojados que son las empresas que reaccionan rápida y fuertemente en cualquier iniciativa en su territorio.

"Cuando un comandante, incapaz de estimar su enemigo, usa una fuerza reducida para enfrentarse a una grande, o tropas débiles para atacar a una fuerte, o cuando deja de seleccionar tropas de choque para la vanguardia, el resultado es la derrota".

La misma cosa sucede cuando se intenta derrotar a competidores imprevisibles, ya que estos no demuestran un patrón de reacción previsible, de esta manera la empresa es incapaz de estimar al competidor.

En la obra de Sun Tzu, El Arte de la Guerra podemos verificar que:

"La conformación del terreno es de la máxima ayuda en la batalla. Por lo tanto, estimar la situación del enemigo y calcular distancias y el grado de dificultad del terreno a modo de controlar la victoria son virtudes del general superior. Quién lucha con pleno conocimiento de esos factores estará seguro de su victoria; quién no lo hace, ciertamente será derrotado."

En el libro del Kotler hay una evaluación de las Fuerzas y Debilidades de los Competidores, importantísima para que la empresa conozca e identifique minuciosamente los recursos y las capacidades de los competidores. La empresa debe reunir los datos recientes sobre los negocios de cada competidor, principalmente ventas, cuota de mercado, retorno sobre la inversión, flujo de caja, nuevas inversiones y utilización de la capacidad de producción. Las empresas cogen informaciones a través de datos secundarios, experiencia del personal y rumores y también pueden hacer investigación de marketing con consumidores, proveedores y distribuidores. Estas también deben identificar las oportunidades de marketing y las amenazas del entorno, que es el desafío atribuido a una tendencia o desarrollo desfavorable que llevaría, en la ausencia de una acción de marketing defensiva, un deterioro de las ventas o de los beneficios. De esta manera, conociendo exactamente al competidor y al mercado de la empresa, esta sabrá cómo actuar para competir y hacerse líder.

"Si yo sé que el enemigo es vulnerable al ataque, pero no sé que mis tropas son incapaces de atacarlo, tendré media posibilidad de victoria".

En esta cita Sun Tzu se refiere a la importancia del hecho de que las tropas del ejército deben ser capaces de atacar para garantizar la victoria. Para eso, en el marketing se hace periódicamente un análisis del Entorno Interno, evaluando las fuerzas y debilidades de cada negocio: la administración debe revisar las cualificaciones de marketing, financieras, de producción y organizacionales del negocio. Cada factor es clasificado en términos de muy fuerte, poco fuerte, neutro, poco débil y muy débil.

Englobando los dos elementos anteriores de marketing: conocer el competidor y sus propios negocios para hacerse líder de mercado, creamos una fuerte conexión para la próxima cita de Sun Tzu, El Arte de la Guerra: "Conocer al enemigo, conocerse a sí mismo; su victoria jamás correrá peligro. Conozca el terreno, conozca el clima; su victoria será entonces total".

LAS NUEVE CLASES DE TERRENO: LAS NUEVE VARIABLES DEL TERRENO

Sun Tzu dijo:

"En lo tocante a las operaciones militares, el terreno puede ser clasificado como dispersivo, de frontera, terreno clave, de comunicación, focal, peligroso, difícil, cercado y mortal."

"Cuando un señor feudal lucha en su propio terreno, está en terreno dispersivo."

En marketing es disputar con nuevos competidores en un mercado antiguo.

"Por lo tanto, no luche en terreno dispersivo, unifique la determinación del ejército."

No pierda tiempo atacando a los competidores pero sí, haga innovaciones dentro de la empresa, promoviendo la unión y el orgullo de los operarios.

"Cuando hace una ligera penetración en terreno enemigo, está en terreno de frontera."

Cuando se intenta lanzar un producto en un mercado nuevo.

"En terreno de frontera, yo mantendría mis fuerzas fuertemente unidas."

Si haya dificultades la empresa no debe desistir de lanzar el producto nuevo, por el contrario, deberá unir todas sus fuerzas, de todos los departamentos y seguir adelante.

"El terreno cuya ocupación es igualmente ventajosa para el enemigo y para mí es terreno-clave."

Cuando la competencia ya es antigua y cada uno tiene a sus consumidores leales con marcas reconocidas en el mercado.

"No ataque a un enemigo que ocupe un terreno-clave..."

La empresa no debe intentar conquistar a los consumidores del competidor, ya que eso le va a crear problemas serios, pero esta debe certificar y trabajar para mantener a sus consumidores actuales continuamente satisfechos con sus productos y su marca.

"El terreno igualmente accesible para el enemigo y para mí es de comunicación."

Mercado nuevo para ambas empresas.

"En terreno de comunicación, no deje que sus formaciones se separen..."

Las empresas no deben desviarse de sus objetivos, pero deben prestar mucha atención a las estrategias de los competidores.

"Se trata de un terreno plano y extenso aquel en el que se puede ir y venir y de extensión suficiente para la batalla y para la construcción de fortificaciones oponentes."

En marketing es un mercado consumidor muy fuerte.

"Cuando un Estado está cercado por otros tres, su terreno es focal. Quién obtiene primero su control conseguirá el apoyo de Todo-bajo-el-Cielo."

Cuando las empresas están en un equilibrio competitivo estable, la que destaque será la líder de mercado.

"En terreno focal, yo fortalecería mis alianzas."

Las empresas no deben atacarse sin necesidad, al contrario, deben mantener un equilibrio competitivo entre ellas.

"Cuando el ejército penetró a fondo en terreno hostil, dejando atrás muchas ciudades y aldeas enemigas, está en terreno peligroso."

En ese caso una empresa que no está preparada, que no realizó análisis minuciosas antes, entra en un mercado donde una empresa grande y fuerte con una variada línea de productos ya lo conquistó hace muy tiempo, manteniendo el patrón y atendiendo totalmente a los deseos y a las necesidades de sus consumidores.

"En terreno peligroso, yo aseguraría un flujo continuo de provisiones."

Si la empresa entró en un mercado donde no debería, debe aprovechar y atraer el máximo de clientes de los competidores.

"Cuando el ejército transpone montañas, bosques, terreno empinado o marcha por desfiladeros, charcos, pantanos o cualquier lugar donde es difícil transitar, está en terreno difícil."

Este es un mercado con competiciones muy feroces, muchas empresas compitiendo fuertemente y en el ninguna de estas consigue destacar ante las otras.

"En terreno difícil, yo me apresuraría por las carreteras."

Cada empresa no puede perder tiempo, debe continuar evolucionando para no ser sobrepasada por las otras, debe continuar invirtiendo en investigaciones, innovaciones y desarrollo, modernización, instalaciones, entrenamiento de operarios, calidad de punto de venta, aumentando su cuota de mercado y rentabilidad, a través de la obtención de ganancias considerables de cuota de recuerdo y de preferencia.

"El terreno cuyo acceso está restringido, del cual la salida es tortuosa y donde una pequeña fuerza enemiga consigue atacar a mi fuerza mayor se dice que está cercado."

Es cuando una empresa entra en un mercado, habiendo invertido mucho dinero en investigaciones, innovaciones y desarrollo, modernización, instalaciones, entrenamiento de operarios, calidad de punto de venta, publicidad, etc, y los negocios no logran el éxito, o sea, el resultado no es de acuerdo a lo esperado.

"En terreno difícil, vaya de frente; en terreno cercado, invente estratagemas; en terreno mortal, luche."

La empresa debe bloquear la entrada de nuevos competidores y continuar invirtiendo mucho para mantenerse donde está.

"El terreno donde el ejército sólo sobrevive si luche con coraje desesperado se dice mortal."

Es un mercado donde sólo se entra en la competición de forma rápida y desestructurada para no perderse la vez, es muy fácil que este mercado se obtenga como resultado las pérdidas.

"En terreno mortal, luche, deje claro de que no hay oportunidad de supervivencia. Ya que está en la naturaleza de los soldados resistir cuando están cercados, luchar hasta la muerte cuando no hay alternativa y, cuando están desesperados, seguir las órdenes estrictamente."

Como la empresa ya sabe que será imposible entrar en ese mercado y que tendrá pérdidas, sólo resta continuar intentar minimizar estas pérdidas.

En marketing la comparación sería que las empresas no engañen a los consumidores con falsas promesas publicitarias o con la mala calidad de los productos, ya que de esta manera no conquistarán su confianza y lealtad.

"Lance varias operaciones engañosas. Si es visto desde oeste y se va marchando desde el este; atráigalo hacia el norte y el ataque al sur. Lo enloquecerá y lo desconcertará a modo que dispersará sus fuerzas debido a la confusión".

Las empresas deben engañar a los competidores con falsas noticias, como si fueran a lanzar un producto que ni forma parte de sus objetivos. Así los competidores entrarán en pánico y perderán tiempo e inversión innovando los productos erróneos.

"Cójalo desprevenido con ataques sorpresa donde este no estará preparado. Golpéelo de repente con tropas de choque."

Lance el producto real en el momento en el que el competidor está profundamente concentrado en la línea de negocio erróneo y la dejará sin capacidad de acción, perdida.

"Lance las tropas en una posición de la cual no haya escapatoria, y, aún delante de la muerte, estas no escaparán. Ya que, aunque están preparadas para morir, estas no lo harán. Entonces, los oficiales y los soldados juntos se esforzarán al máximo. En una situación desesperada, no temerán a nada; cuando no haya salida, permanecerán inquebrantables. En tierra hostil, estas estarán unidas y, donde no haya alternativa, combatirán cuerpo a cuerpo al enemigo".

Antes de entrar en un mercado y atacar a la competencia, la empresa debe estudiar muy bien la situación para no instalarse en territorios que no son realmente interesantes para la misma, ya que sino sus operarios no se sentirán tratados como buenos profesionales y como si no se hubieran esforzado lo suficiente, es decir, no se sentirán valorados. Pero si la empresa entra en un mercado nuevo o lanzar un nuevo producto en su mercado que convenza a los operarios de que el futuro será brillante, estos tratarán se sacar el trabajo y los proyectos de forma excepcional.

"Consiguiendo la ventaja del terreno, aun estando las tropas débiles y sin fuerza, estas conseguirán conquistar al enemigo. Mientras estas serán más duras y fuertes! Lo que hace posible que ambas sean usadas eficazmente es la disposición conforme a las condiciones del terreno".

Teniendo una buena administración de marketing, analizando detalladamente a los competidores y al mercado, hasta las empresas de pequeño porte tienen condiciones de vencer a los grandes competidores.

EL ARTE DE ATACAR CON EL FUEGO: ATAQUE CON FUEGO

Sun Tzu dijo:

"Hay cinco métodos de ataque con fuego. El primero es quemar a las personas; el segundo, quemar los depósitos; el tercero, quemar los equipamientos; el cuarto, quemar los arsenales; y el quinto, usar misiles incendiarios."

En el marketing también se tienen diversas armas y blancos para atacar a los competidores, a través del precio, de la marca, del producto, de la calidad, de la innovación, de la publicidad, de la distribución, etc. O sea, si una empresa mejora su distribución o introduce un nuevo tipo de servicio, empeoran las ventas de los competidores o si la empresa reduce los precios, los competidores pierden puntos de participación, etc.

"El uso del fuego requiere que se cuente con algunos medios."

"El equipamiento para encender fuego debe estar siempre a mano."

"Las herramientas y los materiales combustibles deben ser preparados de antemano."

"Hay ocasiones convenientes y días apropiados para encender el fuego."

Las armas utilizadas en la Planificación Estratégica Mercadológico también cuentan con algunos medios. De entrada las empresas deben estudiar a fondo la situación del mercado para la toma de las decisiones correctas en el momento apropiado, ya que el consumidor no se contenta simplemente con una reducción de precios, ya que esto puede transmitir mala-calidad; o la empresa decide invertir en publicidad, pero publicita productos que los consumidores ya conocen desde hace mucho tiempo, o se publicitan en medios inadecuados, como publicitar salsa de tomate en la Gazeta Mercantil, etc.

Por lo tanto las empresas deben analizar sus propias necesidades, los deseos de los consumidores en general, deciden su actuación en el lugar y el momento perfectos y deben aguardar hasta que ese momento llegue, como una "carta en la manga".

"Ahora, el ejército debe conocer las cinco diferentes situaciones de ataque con fuego y estar constantemente vigilante."

Este es un trabajo minucioso que debe ser realizado en equipo, es decir, todos los sectores de la empresa deben estar comunicados sobre los hechos y deben estar preparados para actuar en cualquier momento cuando sea dada la orden.

"Así pues, el dirigente ilustrado es prudente y el buen general es advertido contra la acción precipitada. Así, el Estado es mantenido seguro y el ejército, preservado."

Los gerentes de marketing saben perfectamente que lanzar un producto nuevo, cuya calidad aún no está comprobada, que aún no está al 100% aprobado en un segmento de mercado que no interesa a la empresa es una toma de decisión precipitada que provocará pérdidas.

LA CONCORDIA Y LA DISCORDIA: EMPLEO DE AGENTES SECRETOS

Sun Tzu dijo:

"Ahora, cuando un ejército de cien mil hombres sea movilizado y enviado hacia una campaña distante, las despensas cubiertas por el pueblo y los desembolsos del tesoro llegarán a mil monedas de oro por día. Reinará una constante conmoción en casa y en el exterior, las personas van a agotarse con las necesidades de transporte y setecientos mil hogares tendrán su funcionamiento perjudicado. "

Antiguamente, ocho familias formaban una comunidad. Cuando una familia enviaba un hombre al ejército, las siete restantes contribuían a su manutención. Así, cuando un ejército de cien mil hombres era movilizado, los impedidos de cuidar plenamente del propio hogar y de la cosecha llegaban a setecientos mil hogares.

Podemos decir que en marketing los profesionales de las empresas también deben dedicarse a sus funciones como los soldados en una guerra, ya que sin este recurso (la fuerza de trabajo) la empresa no tiene condiciones de vencer las batallas. Y en el momento en el que una empresa no está a la altura de sus competidores, o sea, esta se encuentra desactualizada, sin invertir en investigaciones e innovaciones, esta es derrotada, perdiendo cuota de mercado y así, al aumentar las pérdidas, muchas personas perderán sus empleos. Por lo tanto, en épocas de gran competencia, los operarios deben dedicarse casi totalmente a sus empleos, para garantizar el su propio pan.

Alguien que se enfrente al enemigo durante varios años a fin de luchar por la victoria en una batalla decisiva pero que, por ser reacio a conceder promociones, honras y unos centenares de monedas de oro, permanece ignorante de la situación del enemigo y carece totalmente de humanidad. Tal hombre no es un general, un auxiliar de su soberano, un jefe victorioso.

De la misma manera que las empresas tienen derecho de exigir total dedicación a sus operarios a fin de vencer a la competencia y continuar en el top de sus cuotas de mercado, estas también deben valorarlos, ya que para que estos profesionales continúen dando lo mejor de sus experiencias, estos deben ser elevados de cargo o deben de ganar aumentos salariales o bonus, etc.

"Ahora, la razón por qué el príncipe ilustrado y el general sabio conquistan al enemigo siempre que avanzan y sus hechos superan los de los hombres comunes es la presciencia."

"La llamada "presciencia" no puede ser conseguida a través de los espíritus, de los dioses, por analogía de los eventos pasados o a través de cálculos. Esta debe ser obtenida mediante hombres que conozcan la situación del enemigo."

En marketing nada sucede por casualidad, todo se realiza a través de muchos estudios, internos y externos. Para alcanzar el éxito el área de marketing es fundamental para que las empresas actúen correctamente y no pierdan las oportunidades.

Según Kotler, el programa de marketing determina la demanda de mercado por un determinado producto, que es el volumen total que sería comprado por un grupo definido de consumidores, en determinada área geográfica, en un periodo de tiempo y entorno de mercado definidos.

Esta demanda de mercado aborda un límite que es el potencial de mercado, a medida que los gastos de marketing del sector industrial se aproximan al infinito, para un determinado entorno.

La demanda de la empresa es su participación en la demanda del mercado, que depende de cómo sus productos y servicios, precios, comunicaciones, etc, son percibidos por los competidores. Esta demanda de la empresa describe sus ventas estimadas en niveles alternativos de esfuerzos de marketing, que son las previsiones de ventas dentro de sus entornos de marketing asumido.

La administración de la empresa también establece objetivos de ventas para una línea de productos, para la división de una empresa o para un vendedor, basándose en la previsión y en la psicología para estimular su realización. Estos objetivos son un dispositivo gerencial para definir y estimular el esfuerzo de ventas.

Para las decisiones de compras, producción y flujo de caja de una empresa se realiza un presupuesto de ventas, que es una estimación conservadora del volumen de ventas esperado.

Lo importante para las empresas no es conseguir beneficios altísimos de inmediato, pero sí construir concienciación y preferencia del consumidor en el transcurrir del tiempo.

REFERENCIAS BIBLIOGRÁFICAS

McNeilly, Mark. Sun Tzu y El Arte de los Negocios, Seis Principios Estratégicos Para Ejecutivos. Editora Campus, 1998, RJ.

Kotler, Philip. Administración de Marketing. Análisis, Planificación, Implementación y Control. Editora Atlas, 1994, SP.

McMath, Robert M. y Thom Forbes. Donde estos Andaban con la Cabeza? Makron Books, 1998, SP.

ISBN: 978-1508501749